Marlon POSSARD

T-RDG 2009

(Tiroler Rettungsdienstgesetz 2009)

Kurzkommentar

1. Auflage 2023

Bibliografische Information der Deutschen Nationalbibliothek: Die Deutsche Nationalbibliothek verzeichnet diese Publikation in der Deutschen Nationalbibliografie; detaillierte bibliografische Daten sind im Internet über http://dnb.dnb.de abrufbar.

© April 2023 | 1. Auflage | Marlon Possard
Herstellung und Verlag: BoD – Books on Demand, Norderstedt
ISBN: 9783754321737

Wichtiger Hinweis zur Publikation: Der vorliegende Kurzkommentar basiert auf österreichischen Gesetzestexten, die für die breite Öffentlichkeit über das Rechtsinformationssystem (RIS) des Bundes abrufbar sind. Gemäß den Bestimmungen des österreichischen Urheberrechtsgesetzes unterliegen die in diesem Buch verwendeten Unterlagen der freien Werknutzung. Dies betrifft nur die ausgewählten Gesetzesstellen, nicht jedoch die Kommentierung derselben.

Kurzkommentar

zum

Gesetz vom 1. Juli 2009, mit dem der öffentliche Rettungsdienst in Tirol geregelt wird

Tiroler Rettungsdienstgesetz 2009 – T-RDG 2009

(StF: LGBl. Nr. 69/2009 – Landtagsmaterialien: 318/09)

<u>Änderungen:</u>

- LGBl. Nr. 100/2010 - Landtagsmaterialien: 499/10
- LGBl. Nr. 150/2012 - Landtagsmaterialien: 559/12
- LGBl. Nr. 130/2013 - Landtagsmaterialien: 388/13
- LGBl. Nr. 32/2017 - Landtagsmaterialien: 625/16
- LGBl. Nr. 144/2018 - Landtagsmaterialien: 375/18
- LGBl. Nr. 138/2019 - Landtagsmaterialien: 410/19

Inhaltsverzeichnis

§ 1
Geltungsbereich

(1) Dieses Gesetz regelt den öffentlichen Rettungsdienst in Tirol. Dieser umfasst die Notfallrettung und den qualifizierten Krankentransport.

(2) Durch dieses Gesetz werden Zuständigkeiten des Bundes nicht berührt.

Das T-RDG regelt die Organisation und Durchführung des Rettungsdienstes in Tirol. Es wurde zuletzt im Jahr 2020 geändert und trat am 1. Juli 2021 in Kraft. Ziel des Gesetzes ist es, eine flächendeckende und qualitativ hochwertige Notfallversorgung bzw. -medizin in Tirol mittels des Rettungsdienstes sicherzustellen. Das T-RDG verfolgt das Ziel, eine schnelle und effektive Notfallversorgung, unter anderem bei Katastrophen, Unglücksfällen und sonstigen medizinischen Notfällen, für alle Tirolerinnen und Tiroler zu sicherzustellen. Dabei soll die Gesundheit und das Leben der Betroffenen geschützt und erhalten werden.

Hierfür sind unter anderem folgende Regelungen vorgesehen:

- Der Rettungsdienst wird als öffentliche Aufgabe betrachtet, die vom Land Tirol und den Gemeinden gemeinsam wahrgenommen wird.
- Das Land Tirol hat die Aufgabe, den Rettungsdienst in organisatorischer und finanzieller Hinsicht zu koordinieren und zu steuern.
- Der Rettungsdienst umfasst unter anderem den Einsatz von Rettungswagen, Notarztwagen und Rettungshubschraubern sowie die Luftrettung.
- Die Notfallversorgung soll flächendeckend und bedarfsgerecht organisiert werden. Hierzu werden Notarztstandorte festgelegt und Rettungswachen eingerichtet.

- Die Rettungsdienstorganisationen sind verpflichtet, eine hohe Qualifikation der Mitarbeiterinnen und Mitarbeiter sicherzustellen und regelmäßige Schulungen und Fortbildungen anzubieten.
- Die Kosten für den Rettungsdienst werden in der Regel von den Krankenkassen übernommen.
- Bei der Durchführung des Rettungsdienstes sind die geltenden Bestimmungen des Datenschutzes zu beachten.

§ 2
Begriffsbestimmungen

(1) Die Notfallrettung umfasst:

a) die medizinische Erstversorgung von Verletzten, Kranken oder sonst Hilfsbedürftigen, bei denen Lebensgefahr oder die Gefahr schwerer gesundheitlicher Schäden besteht, wenn sie nicht unverzüglich die erforderliche medizinische Versorgung erhalten (Notfallpatienten),

b) die Herstellung ihrer Transportfähigkeit und

c) ihren Transport unter fachgerechter medizinischer Betreuung mit dafür besonders ausgestatteten Rettungsfahrzeugen oder Hubschraubern in eine für die weitere medizinische Versorgung geeignete Behandlungseinrichtung.

(2) Der qualifizierte Krankentransport umfasst den aufgrund ärztlicher Beurteilung notwendigen Transport von Verletzten, Kranken oder sonst Hilfsbedürftigen, die keine Notfallpatienten sind, unter Begleitung von Ärzten und/oder Sanitätern im Sinn des Sanitätergesetzes, BGBl. I Nr. 30/2002, zuletzt geändert durch das Gesetz BGBl. I Nr. 57/2008, mit Rettungsfahrzeugen oder Hubschraubern; davon ausgenommen ist der Transport von fachärztlich begleiteten Intensivpatienten.

(3) Rettungseinrichtung ist eine Rettungsorganisation, eine andere geeignete Einrichtung oder ein Unternehmen, die (das) im Rahmen dieses Gesetzes mit der Durchführung von Aufgaben des öffentlichen Rettungsdienstes betraut wird.

(4) Flugrettung ist die Durchführung der Notfallrettung und des qualifizierten Krankentransportes mit Hubschraubern.

(5) Meldung ist ein bei der zentralen Landesleitstelle einlangender Notruf oder ein dort einlangendes Hilfeersuchen.

(6) Disponierung ist die medizinisch-taktische Einsatzentscheidung der zentralen Landesleitstelle zu einer Meldung, die gegebenenfalls zu einer Alarmierung führt.

(7) Alarmierung ist der Abruf einer Leistung des öffentlichen Rettungsdienstes, der Bergrettung, der Höhlenrettung oder der Wasserrettung.

(8) Rettungsmittel sind die Ressourcen der Rettungseinrichtungen, insbesondere Rettungsfahrzeuge, Hubschrauber und Ausrüstung.

(9) Die Bergrettung umfasst die Bergung und die medizinische Erstversorgung verletzter, kranker oder sonst hilfsbedürftiger Personen aus Gefahrenlagen im alpinen oder unwegsamen Gelände sowie deren Beförderung bis zu einer für die Übergabe an eine Rettungseinrichtung geeigneten Stelle.

(10) Die Höhlenrettung umfasst die Bergung und die medizinische Erstversorgung verletzter, kranker oder sonst hilfsbedürftiger Personen aus Gefahrenlagen in Höhlen sowie deren Beförderung bis zu einer für die Übergabe an eine Rettungseinrichtung geeigneten Stelle.

(11) Die Wasserrettung umfasst die Bergung und die medizinische Erstversorgung verletzter, kranker oder sonst hilfsbedürftiger Personen aus Gefahrenlagen im Bereich von Gewässern sowie deren Beförderung bis zu einer für die Übergabe an eine Rettungseinrichtung geeigneten Stelle.

Gemäß § 2 des T-RDG sind die Ziele des Rettungsdienstes in Tirol die schnelle, fachgerechte und qualifizierte Versorgung von kranken und verletzten Menschen sowie die Sicherstellung des Transportes in eine geeignete medizinische Einrichtung. Dabei sollen die Grundsätze der Humanität, der Würde des Menschen, der Gleichbehandlung und der Verschwiegenheit gewahrt bleiben. Weiterhin regelt § 2 des T-RDG, dass der Rettungsdienst in Tirol als ein Teil des öffentlichen Gesundheitswesens anzusehen ist und dass er in Zusammenarbeit mit anderen Einrichtungen und Organisationen des Gesundheitswesens erfolgen soll. Die Rettungsdienstleistungen sollen dabei flächendeckend und bedarfsgerecht erbracht werden. Des Weiteren regelt § 2 die Rolle der Behörden in Bezug auf den Rettungsdienst. So ist die zuständige Behörde verpflichtet, den Rettungsdienst zu organisieren, zu koordinieren und zu überwachen. Hierzu kann sie auch Anordnungen treffen und Maßnahmen ergreifen, um eine reibungslose Zusammenarbeit zwischen den verschiedenen Rettungsdiensten und anderen Einrichtungen des Gesundheitswesens sicherzustellen. Zusammenfassend legt § 2 des T-RDG die Ziele des Rettungsdienstes in Tirol fest und regelt die Zusammenarbeit mit anderen Einrichtungen und Organisationen des Gesundheitswesens. Außerdem regelt er die Rolle der Behörden bei der Organisation und Überwachung des Rettungsdienstes.

§ 3
Aufgaben des öffentlichen Rettungsdienstes

(1) Der öffentliche Rettungsdienst hat die bedarfsgerechte sowie sparsame, wirtschaftliche und zweckmäßige Erbringung folgender Leistungen im Landesgebiet sicherzustellen:

a) Leistungen der Notfallrettung, die in Abhängigkeit von den medizinischen Erfordernissen mittels Rettungsfahrzeugen oder Hubschraubern mit Notarzt oder ohne Notarzt zu erbringen sind, und

b) Leistungen des qualifizierten Krankentransportes, die mittels Rettungsfahrzeugen oder Hubschraubern zu erbringen sind.

(2) Das Land Tirol hat als Träger von Privatrechten

a) die Besorgung der Aufgaben nach Abs. 1 sicherzustellen und

b) eine zentrale Landesleitstelle (§ 5) zur Entgegennahme von Meldungen und zur Disponierung, Alarmierung und Unterstützung aller Einsätze im Rahmen des öffentlichen Rettungsdienstes sowie der Bergrettung, der Höhlenrettung und der Wasserrettung einzurichten.

(3) Das Land Tirol kann die Besorgung von Aufgaben nach Abs. 1 durch schriftlichen Vertrag ganz oder teilweise Rettungsorganisationen, anderen geeigneten Einrichtungen oder Unternehmen übertragen, die über die entsprechende Eignung zur Besorgung der betreffenden Aufgaben des öffentlichen Rettungsdienstes sowie über die dafür erforderliche technische Leistungsfähigkeit und wirtschaftliche Zuverlässigkeit verfügen.

(4) Besorgt das Land Tirol die Aufgaben nach Abs. 1 selbst, so hat es für seine Leistungen im Sinn des Abs. 1 gegenüber dem Leistungsempfänger, seinem Nachlass oder im Rahmen der gesetzlichen Unterhaltspflicht gegenüber demjenigen, der für den

Leistungsempfänger unterhaltspflichtig ist, Anspruch auf ein Entgelt, sofern nicht aufgrund eines anderen Rechtstitels eine Verpflichtung zur Tragung dieser Kosten, insbesondere durch Träger der Sozialversicherung, besteht. Die Landesregierung hat diese Entgelte durch Verordnung in höchstens kostendeckender Höhe festzulegen.

(5) Das Land Tirol kann zur Sicherstellung der notärztlichen Versorgung als Teilaufgabe der Notfallrettung und zur Gewährleistung eines einheitlichen Behandlungsregimes vorrangig mit den Trägern von Krankenanstalten im Sinn des Tiroler Krankenanstaltengesetzes Verträge über die Mitwirkung von Notärzten abschließen.

Gemäß § 3 des T-RDG sind die Rettungsorganisationen und Rettungsdienste in Tirol verpflichtet, eine qualitativ hochwertige, effektive und schnelle Versorgung von Patientinnen und Patienten sicherzustellen. Hierzu sind sie verpflichtet, qualifiziertes Personal einzusetzen, das über eine angemessene Ausbildung, Erfahrung und Kompetenz verfügt. Die Rettungsorganisationen und Rettungsdienste müssen außerdem über die notwendigen Rettungsfahrzeuge und medizinischen Geräte verfügen und diese regelmäßig warten und aktualisieren. Darüber hinaus müssen sie sicherstellen, dass sie jederzeit einsatzbereit sind und innerhalb angemessener Fristen am Einsatzort eintreffen können. Weiterhin regelt § 3 auch die Zusammenarbeit der Rettungsorganisationen mit anderen Organisationen und Einrichtungen im Bereich des Rettungsdienstes. So müssen sie eng mit den Krankenhäusern und anderen medizinischen Einrichtungen zusammenarbeiten, um eine effektive Versorgung der Patientinnen und Patienten sicherzustellen. Auch die Zusammenarbeit mit anderen Einsatzorganisationen, wie der Feuerwehr oder der Polizei, wird geregelt. § 3 des T-RDG legt die grundlegenden Anforderungen und Verpflichtungen fest, die von den Rettungsorganisationen und Rettungsdiensten in Tirol erwartet werden, um eine qualitativ hochwertige Versorgung von Patientinnen und Patienten sicherzustellen.

§ 4
Verträge über die Durchführung der Notfallrettung und des qualifizierten Krankentransportes

(1) Der Abschluss eines Vertrages nach § 3 Abs. 3 hat, sofern nicht ohnehin das Bundesvergabegesetz 2006, BGBl. I Nr. 17, zuletzt geändert durch das Gesetz BGBl. I Nr. 2/2008, anzuwenden ist, nach Durchführung eines transparenten, nicht diskriminierenden Verfahrens zu erfolgen, in dem der wirtschaftlich und fachlich am besten geeignete Bieter nach objektiven Kriterien ausgewählt wird.

(2) Verträge nach § 3 Abs. 3 haben jedenfalls Bestimmungen zu enthalten über:

a) die Aufgaben und den Leistungsumfang der Rettungseinrichtung,

b) die Vergütung, die die Rettungseinrichtung für die erbrachten Leistungen erhält,

c) die Art der Abrechnung der erbrachten Leistungen der Rettungseinrichtung mit den zur Kostentragung Verpflichteten,

d) die Qualität und die Verfügbarkeit des Personals und der Rettungsmittel,

e) den ständigen Bereitschaftsdienst und die Zusammenarbeit mit anderen Einrichtungen,

f) die Festlegung und die Einhaltung einer bestimmten Frist von der Alarmierung bis zum Ausrücken eines Rettungsfahrzeuges oder eines Hubschraubers,

g) die Dauer des Vertragsverhältnisses, wobei Verträge nur befristet abgeschlossen werden dürfen,

h) die Verpflichtung, mit der zentralen Landesleitstelle zusammenzuarbeiten und auf deren Anordnung die Hilfeleistung gegenüber jedermann umgehend zu erbringen,

i) die Verpflichtung, die kontinuierliche Einsatzbereitschaft und den Einsatzstatus der Rettungsmittel für die Notfallrettung und den qualifizierten Krankentransport durch die zentrale Landesleitstelle überwachen zu lassen,

j) die Verpflichtung, einsatztaktische Bereitstellungsstandorte für die Rettungsfahrzeuge der Notfallrettung in Abhängigkeit von der Systemauslastung und der zu erwartenden Einsatznachfrage von der zentralen Landesleitstelle temporär zuweisen zu lassen,

k) die Verpflichtung, mit dem Ärztlichen Leiter Rettungsdienst zusammenzuarbeiten, die im § 7 angeführten Überprüfungen und Überwachungen durch den Ärztlichen Leiter Rettungsdienst zu dulden und den Anregungen und Empfehlungen des Ärztlichen Leiters Rettungsdienst Folge zu leisten,

l) die medizinische Dokumentationspflicht, die Verpflichtung zur Mitwirkung an landesweiten Maßnahmen der Qualitätssicherung und die Mitwirkung an der einheitlichen Leistungsstatistik für den öffentlichen Rettungsdienst in Tirol und an der Gesundheitsberichterstattung,

m) Vertragsstrafen (Pönale),

n) Sicherstellungen,

o) die Verpflichtung, sich hinsichtlich der vertragsgegenständlichen Leistungen der Gebarungsprüfung durch einen von der Landesregierung beauftragten Wirtschaftsprüfer zu unterwerfen.

(3) Die Landesregierung hat den Wirtschaftsprüfer nach Abs. 2 lit. o aus einem Vorschlag von fünf Wirtschaftsprüfern auszuwählen, der von der zu prüfenden Rettungseinrichtung binnen vier Wochen nach einer diesbezüglichen Aufforderung vorzulegen ist. Wird trotz Aufforderung innerhalb dieser Frist kein Vorschlag vorgelegt, so hat die Landesregierung den betreffenden Wirtschaftsprüfer ohne Vorschlag

zu beauftragen. Die Kosten für die Gebarungsprüfung durch den Wirtschaftsprüfer hat die zu prüfende Rettungseinrichtung zu tragen.

(4) Die Landesregierung hat den Abschluss eines Vertrages nach § 3 Abs. 3 im Bote für Tirol kundzumachen.

Gemäß § 4 des T-RDG sind die Rettungsorganisationen und Rettungsdienste in Tirol verpflichtet, ein Qualitätsmanagementsystem einzuführen und aufrechtzuerhalten. Das Qualitätsmanagementsystem soll sicherstellen, dass die Versorgung der Patientinnen und Patienten auf einem hohen Niveau erfolgt und kontinuierlich verbessert wird. Das Qualitätsmanagementsystem muss insbesondere folgende Punkte umfassen:

- Festlegung von Verantwortlichkeiten und Zuständigkeiten im Qualitätsmanagement
- Erstellung und regelmäßige Überprüfung von Qualitätszielen und Qualitätsstandards
- Überwachung der Umsetzung von Qualitätsstandards und –zielen
- Regelmäßige Überprüfung und Bewertung der erbrachten Leistungen
- Festlegung von Korrekturmaßnahmen und Verbesserungsmaßnahmen bei Abweichungen von den Qualitätsstandards
- Dokumentation aller relevanten Prozesse und Maßnahmen im Qualitätsmanagement

Die Rettungsorganisationen und Rettungsdienste müssen außerdem regelmäßig an Schulungen und Fortbildungen teilnehmen, um sicherzustellen, dass sie über die neuesten Erkenntnisse und Entwicklungen im Bereich der Notfallmedizin informiert sind und ihre Leistungen entsprechend anpassen können. Zusammenfassend legt § 4 des T-RDG die Verpflichtung der Rettungsorganisationen und Rettungsdienste in Tirol fest, ein Qualitätsmanagementsystem einzuführen und aufrechtzuerhalten, um eine hohe Qualität und kontinuierliche Verbesserung der Leistungen sicherzustellen.

Gemäß § 4 des T-RDG sind die Betreiber von Rettungsorganisationen verpflichtet, den Rettungsdienst im Land Tirol in ihrem Zuständigkeitsbereich zu gewährleisten.

<u>Dazu müssen sie sicherstellen, dass</u>

- ausreichend qualifiziertes und geschultes Personal zur Verfügung steht,
- die notwendige Ausrüstung und Ausstattung vorhanden ist,
- eine schnelle Alarmierung und Einsatzbereitschaft gewährleistet ist,
- die Einsatzfahrzeuge regelmäßig gewartet und geprüft werden,
- die Zusammenarbeit mit anderen Rettungsorganisationen und Einrichtungen des Gesundheitswesens gewährleistet ist und
- Maßnahmen zur Qualitätssicherung und Fortbildung durchgeführt werden.

Weiterhin regelt § 4 auch, dass die Betreiber von Rettungsorganisationen eng mit den Behörden und Einrichtungen des Gesundheitswesens zusammenarbeiten müssen, um eine effektive Versorgung im Rettungsdienst zu gewährleisten.

§ 5
Zentrale Landesleitstelle

(1) Als zentrale Landesleitstelle werden der Leitstelle Tirol Gesellschaft mbH folgende vom Land Tirol als Träger von Privatrechten zu besorgende Aufgaben übertragen:

a) die kontinuierliche Überwachung der Einsatzbereitschaft und des Einsatzstatus der Rettungsmittel für die Notfallrettung und den qualifizierten Krankentransport der Rettungseinrichtungen,

b) die temporäre Zuweisung von einsatztaktischen Bereitstellungsstandorten für die Rettungsfahrzeuge der Notfallrettung in Abhängigkeit von der Systemauslastung und der zu erwartenden Einsatznachfrage,

c) die Entgegennahme von Meldungen über Einsatzfälle für die Notfallrettung und den qualifizierten Krankentransport sowie die Disponierung und Alarmierung der für den Einsatz notwendigen Rettungsfahrzeuge und Hubschrauber,

d) die Entgegennahme von Meldungen über Einsatzfälle, bei denen Leistungen der Bergrettung, der Höhlenrettung oder der Wasserrettung erforderlich sind, sowie die Disponierung, Alarmierung und Unterstützung von Einsätzen der betreffenden Rettungsorganisationen und die koordinierende Unterstützung aller am Einsatz beteiligten Rettungs- und Hilfsorganisationen,

e) die allgemeine Einsatzunterstützung und Koordination der eingesetzten Rettungsorganisationen insbesondere durch die Nachalarmierung von zusätzlichen Einsatzkräften, die Anforderung von anderen oder weiteren Einsatzeinheiten sowie die Anforderung von Einsatzgeräten,

f) die Erstellung und Fortführung einer einheitlichen Leistungsstatistik für den öffentlichen Rettungsdienst in Tirol und die Erfassung und

Aufbereitung der erforderlichen Daten für die Fortschreibung der rettungsdienstlichen Planung des Landes Tirol,

g) die Fakturierung der durch die zentrale Landesleitstelle veranlassten rettungsdienstlichen Einsätze der Rettungseinrichtungen, sofern in Verträgen nach § 3 Abs. 3 nichts anderes geregelt ist.

(2) Der Landeshauptmann hat der Leitstelle Tirol Gesellschaft mbH folgende öffentliche Kurzrufnummern für Notrufdienste zur ausschließlichen Nutzung zuzuteilen:

a) 144 Rettungsdienst,

b) 140 Bergrettung,

c) 1484 Krankentransport.

(3) Die Leitstelle Tirol Gesellschaft mbH hat an der Abwehr und Bekämpfung von Katastrophen im Rahmen des § 2 des Tiroler Katastrophenmanagementgesetzes, LGBl. Nr. 33/2006, in der jeweils geltenden Fassung mitzuwirken.

(4) Die Leitstelle Tirol Gesellschaft mbH hat für die Erbringung ihrer Leistungen nach Abs. 1 gegenüber den Rettungseinrichtungen und gegenüber sonstigen Organisationen Anspruch auf eine angemessene Vergütung. Die Vergütung ist durch Vertrag zu regeln. Die Landesregierung kann durch Verordnung Höchsttarife festlegen. Hierbei ist auf die Leistungsfähigkeit der zentralen Landesleitstelle Bedacht zu nehmen.

Die Landesleitstelle ist eine Einrichtung, die für die Koordination von Notrufen und Notfalleinsätzen zuständig ist. Wenn sich Personen in einer Notfallsituation befinden und Hilfe benötigen, können diese nach Wahl der entsprechenden Notrufnummer Kontakt mit der Landesleitstelle herstellen. Die Mitarbeiterinnen und Mitarbeiter der Landesleitstelle sind speziell geschult, um in Notfallsituationen schnell und effektiv zu handeln. Sie koordinieren die verschiedenen Rettungsdienste, wie zum Beispiel Feuerwehr und Rettungsdienst, und leiten diese zum Einsatzort. Ziel der Landesleitstelle ist die effiziente Bewältigung der Notfallsituation. In Tirol ist hierfür die Leitstelle Tirol GmbH zuständig. Die Leitstelle Tirol ist die zentrale Stelle für die Koordination und Steuerung des Rettungsdienstes im Bundesland Tirol (Österreich). Hier laufen alle Notrufe, die über die Telefonnummer 144 (ferner auch 122 (Feuerwehr) und 140 (Alpinnotruf) bzw. 1450 (Gesundheitsberatung) und 14844 (Krankentransport)) eingehen, zusammen und werden von geschulten Disponenten bearbeitet. Die Leitstelle Tirol ist rund um die Uhr besetzt und verfügt über modernste Technologie, um die Einsatzkräfte schnell und effektiv zu koordinieren. Dazu gehören beispielsweise GPS-Systeme, die es ermöglichen, den Standort von Rettungsfahrzeugen in Echtzeit zu verfolgen, sowie digitale Einsatzpläne, die einen schnellen Überblick über die verfügbaren Ressourcen und die Lage vor Ort ermöglichen. Zu den Aufgaben der Leitstelle Tirol gehört es, den Bedarf an Rettungsdienstleistungen zu ermitteln und die erforderlichen Ressourcen zu disponieren. Das umfasst sowohl den Einsatz von Rettungsfahrzeugen und Notärzten als auch die Koordination mit anderen Einsatzkräften wie der Polizei oder der Feuerwehr. Darüber hinaus ist die Leitstelle Tirol auch für die Schulung und Ausbildung der Mitarbeiterinnen und Mitarbeiter im Rettungsdienst zuständig und arbeitet eng mit anderen Organisationen wie den Krankenhäusern und den Rettungsdienstorganisationen zusammen, um eine optimale Versorgung der Patientinnen und Patienten sicherzustellen.

§ 6
Ärztlicher Leiter Rettungsdienst

(1) Die Landesregierung hat zur Sicherung der Qualität der Leistungen des öffentlichen Rettungsdienstes einen Ärztlichen Leiter Rettungsdienst mit schriftlichem Bescheid auf die Dauer von fünf Jahren zu bestellen. Eine Wiederbestellung ist zulässig.

(2) Zum Ärztlichen Leiter Rettungsdienst darf nur eine Person bestellt werden,

a) die Facharzt oder Arzt für Allgemeinmedizin ist,

b) die über ausreichende notfallmedizinische Kenntnisse verfügt,

c) die über eine mindestens fünfjährige klinische Praxis sowie über eine mindestens fünfjährige Einsatzerfahrung als Notarzt im Rettungsdienst verfügt und

d) der im Hinblick auf ihre persönlichen Verhältnisse, insbesondere ihre berufliche Tätigkeit, die Erfüllung der Aufgaben des Ärztlichen Leiters Rettungsdienst möglich und zumutbar ist.

(3) Die Funktion des Ärztlichen Leiters Rettungsdienst ist nicht vereinbar mit der Zugehörigkeit zu einem Dienstverhältnis mit oder der Mitgliedschaft bei einer Rettungseinrichtung oder der Leitstelle Tirol Gesellschaft mbH.

(4) Die Bestellung zum Ärztlichen Leiter Rettungsdienst ist zu widerrufen, wenn die Voraussetzungen nach Abs. 2 nicht mehr gegeben sind.

(5) Vor der Bestellung des Ärztlichen Leiters Rettungsdienst sind die Ärztekammer für Tirol, die Rettungseinrichtungen sowie die an der notärztlichen Versorgung nach § 3 Abs. 5 mitwirkenden Krankenanstalten zu hören.

(6) Der Ärztliche Leiter Rettungsdienst hat gegenüber dem Land Tirol Anspruch auf Ersatz der notwendigen Barauslagen einschließlich der Fahrtkosten und auf eine entsprechend dem Zeitaufwand angemessene Vergütung für seine Mühewaltung. Anträge auf Ersatz der notwendigen Barauslagen sind bei sonstigem Verlust des Anspruches längstens innerhalb eines Jahres nach dem Entstehen der Barauslagen bei der Landesregierung einzubringen. Die Vergütung für die Mühewaltung gebührt von Amts wegen. Die Landesregierung hat die Ersatzleistungen und die Vergütung mit schriftlichem Bescheid festzusetzen.

(7) Die Landesregierung hat einen Amtsarzt der nach der Geschäftseinteilung des Amtes der Tiroler Landesregierung für die fachlichen Angelegenheiten des Gesundheitswesens zuständigen Organisationseinheit, der die Voraussetzungen nach Abs. 2 lit. b erfüllt, als Stellvertreter des Ärztlichen Leiters Rettungsdienst zu bestellen. Für den Fall, dass der Ärztliche Leiter Rettungsdienst an der Erfüllung seiner Aufgaben verhindert ist, hat dessen Aufgaben für die Dauer der Verhinderung der Stellvertreter wahrzunehmen.

Gemäß § 6 des T-RDG 2009 sind die Rettungsorganisationen verpflichtet, ein Qualitätsmanagement einzuführen und aufrechtzuerhalten. Ziel des Qualitätsmanagements ist es, eine hohe Qualität und Effizienz der Rettungsdienstleistungen sicherzustellen und kontinuierlich zu verbessern. Zur Umsetzung des Qualitätsmanagements müssen die Rettungsorganisationen bestimmte Maßnahmen ergreifen, wie z.B. regelmäßige Überprüfungen der Abläufe, Schulungen der Mitarbeiterinnen und Mitarbeiter sowie die Erstellung von Qualitätsstandards und Leitlinien. Die Ergebnisse des Qualitätsmanagements sind dem Land Tirol regelmäßig zu berichten. Das Land Tirol kann auch selbst Kontrollen durchführen, um sicherzustellen, dass die Rettungsorganisationen die Anforderungen an das Qualitätsmanagement erfüllen. § 6 des T-RDG 2009 unterstreicht die Bedeutung der Qualitätssicherung im Rettungsdienst und stellt sicher, dass die Rettungsorganisationen kontinuierlich an der Verbesserung ihrer Dienstleistungen arbeiten.

Der Ärztliche Leiter Rettungsdienst (ÄLRD) ist eine Schlüsselfigur im Rettungsdienst. Gemäß dem Rettungsdienstgesetz hat der ÄLRD die Verantwortung für die fachliche Leitung und Koordination des Rettungsdienstes sowie für die Qualitätssicherung und die Fortbildung des Rettungsdienstpersonals. Der ÄLRD ist ein erfahrener Notfallmediziner und arbeitet in enger Zusammenarbeit mit anderen Rettungsdienstmitarbeiterinnen und -mitarbeiter, wie z. B. Rettungssanitäterinnen und -sanitäter, Notfallsanitäterinnen und -sanitäter.

Zu den Aufgaben des ÄLRD gehören unter anderem:

- Festlegung und Überwachung von medizinischen Standards und Qualitätszielen im Rettungsdienst
- Entwicklung und Umsetzung von Fortbildungsprogrammen für das Rettungsdienstpersonal
- Überwachung der fachlichen Leistung des Rettungsdienstes
- Koordination von Rettungseinsätzen in Zusammenarbeit mit anderen Rettungsdiensten und medizinischen Einrichtungen
- Entwicklung von Behandlungsstandards für spezielle Patientinnen- und Patientengruppen (z.B. Schwerstverletzte, Kinder, etc.)
- Mitwirkung bei der Beschaffung von medizinischem Gerät und Material für den Rettungsdienst

Der ÄLRD arbeitet eng mit anderen Fachleuten im Rettungsdienst und im Gesundheitswesen zusammen, um eine optimale Versorgung der Patientinnen und Patienten sicherzustellen. Dabei ist er in der Regel auch in die Organisation von Forschung und Entwicklung im Bereich der Notfallmedizin eingebunden. Zusammenfassend ist der Ärztliche Leiter Rettungsdienst eine wichtige Person im Rettungsdienst, der für die fachliche Leitung, Koordination und Qualitätssicherung im Rettungsdienst verantwortlich ist und eng mit anderen Rettungsdienstmitarbeiterinnen und -mitarbeitern bzw. Fachleuten im Gesundheitswesen zusammenarbeitet.

§ 7
Aufgaben des Ärztlichen Leiters Rettungsdienst

(1) Dem Ärztlichen Leiter Rettungsdienst obliegen nach Maßgabe der zwischen dem Land Tirol und den Rettungseinrichtungen abgeschlossenen Verträge nach § 3 Abs. 3 insbesondere:

a) die Überprüfung des Qualitätsmanagements bei den Rettungseinrichtungen,

b) die Überprüfung der Einhaltung von Fortbildungsverpflichtungen für Ärzte und Sanitäter bei den Rettungseinrichtungen,

c) die Überwachung der Patientenversorgung durch Ärzte und Sanitäter der Rettungseinrichtungen,

d) die Erarbeitung von Empfehlungen zur Patientenversorgung für Ärzte der Rettungseinrichtungen und von Behandlungsrichtlinien zur Patientenversorgung für Sanitäter der Rettungseinrichtungen nach Anhören der Rettungseinrichtungen,

e) die Erarbeitung von Vorschlägen zur Änderung der Strukturen oder Abläufe im Rettungsdienst,

f) die Erarbeitung von Vorschlägen für eine möglichst einheitliche pharmakologische und medizintechnische Ausstattung und Ausrüstung der Rettungsfahrzeuge und Hubschrauber,

g) die Überwachung der Zusammenarbeit der Rettungseinrichtungen mit den im Rettungsdienstbereich tätigen medizinischen Behandlungseinrichtungen und die Anregung notwendiger Verbesserungen auch gegenüber den Betreibern von Behandlungseinrichtungen.

(2) Dem Ärztlichen Leiter Rettungsdienst obliegen weiters:

a) die Überprüfung des Qualitätsmanagements bei der zentralen Landesleitstelle,

b) die Überprüfung der Einhaltung von Fortbildungsverpflichtungen für Ärzte und das nichtärztliche Personal bei der zentralen Landesleitstelle,

c) die Überwachung der Einhaltung notfallmedizinischer Qualitätsstandards in Bezug auf die Disponierung, Alarmierung und Unterstützung der Einsätze des öffentlichen Rettungsdienstes durch die zentrale Landesleitstelle,

d) die Überwachung der Zusammenarbeit der zentralen Landesleitstelle mit den im Rettungsdienstbereich tätigen medizinischen Behandlungseinrichtungen und die Anregung notwendiger Verbesserungen auch gegenüber den Betreibern von Behandlungseinrichtungen.

(3) Die Leitstelle Tirol Gesellschaft mbH hat die Überprüfung und Überwachung durch den Ärztlichen Leiter Rettungsdienst nach Abs. 2 zu ermöglichen, mit dem Ärztlichen Leiter Rettungsdienst zusammenzuarbeiten und ihn zu unterstützen.

(4) Der Ärztliche Leiter Rettungsdienst hat dem Beirat für den Rettungsdienst jährlich einen Tätigkeitsbericht vorzulegen.

(5) Die Rettungseinrichtungen und die an der notärztlichen Versorgung nach § 3 Abs. 5 mitwirkenden Krankenanstalten sind nach Maßgabe des zwischen ihnen und dem Land Tirol abgeschlossenen Vertrages verpflichtet, mit dem Ärztlichen Leiter Rettungsdienst zusammenzuarbeiten und ihn zu unterstützen. Er kann im Rahmen seiner Aufgaben insbesondere verlangen, dass ihm Auskünfte erteilt werden und dass ihm Einsicht in die im Rettungsdienst erhobenen Daten sowie Dokumentationen in pseudonymisierter Form gegeben wird. Im Einzelfall kann der Ärztliche Leiter Rettungsdienst verlangen, den Personenbezug herzustellen, sofern dies für die Überprüfung im Interesse von Leben oder Gesundheit künftiger Notfallpatienten erforderlich ist.

(6) Die Krankenanstalten im Sinn des Tiroler Krankenanstaltengesetzes haben dem Ärztlichen Leiter Rettungsdienst die zur Erfüllung seiner Aufgaben erforderlichen Auskünfte und die in der Krankenanstalt erhobenen Daten zur Weiterbehandlung von Patienten, die die Rettungseinrichtung übergeben hat, in pseudonymisierter Form zur Verfügung zu stellen. Im Einzelfall kann der Ärztliche Leiter Rettungsdienst verlangen, den Personenbezug herzustellen, sofern dies für die Überprüfung im Interesse von Leben oder Gesundheit künftiger Notfallpatienten erforderlich ist.

Der Ärztliche Leiter Rettungsdienst (ÄLRD) hat eine wichtige Führungs- und Koordinierungsfunktion im Rettungsdienst und ist für die Qualität und Sicherheit der präklinischen Notfallversorgung verantwortlich.

<u>Zu den primären Aufgaben des ÄLRD gehören unter anderem:</u>

- *Planung und Organisation der rettungsdienstlichen Maßnahmen:* Der ÄLRD ist für die Planung und Organisation des Rettungsdienstes in seinem Verantwortungsbereich zuständig. Dazu gehört die Festlegung von Standards und Abläufen, die Sicherstellung der Einsatzbereitschaft von Rettungswagen und Personal sowie die Koordination der Zusammenarbeit mit anderen Rettungsorganisationen.

- *Qualitätssicherung:* Der ÄLRD ist für die Überwachung der Qualität und Sicherheit der rettungsdienstlichen Versorgung verantwortlich. Er sorgt dafür, dass die medizinischen Standards eingehalten werden und dass die Versorgung der Patientinnen und Patienten auf einem hohen Niveau stattfindet. Hierzu gehören unter anderem die Überwachung der Einsatzprotokolle und die Durchführung von Fortbildungen für das Rettungsdienstpersonal.

- *Leitung des Ärzteteams im Rettungsdienst:* Der ÄLRD leitet das ärztliche Team im Rettungsdienst und ist für die medizinische Verantwortung während des Einsatzes zuständig. Er gibt medizinische Anweisungen und koordiniert die Zusammenarbeit mit dem Rettungsdienstpersonal.

- *Zusammenarbeit mit anderen Behörden und Organisationen:* Der ÄLRD arbeitet eng mit anderen Behörden und Organisationen zusammen, wie z.B. dem Katastrophenschutz oder der Feuerwehr. Er koordiniert die Zusammenarbeit und sorgt dafür, dass im Notfall schnell und effektiv gehandelt wird.

- *Weiterentwicklung des Rettungsdienstes:* Der ÄLRD sorgt für eine kontinuierliche Weiterentwicklung des Rettungsdienstes. Dazu gehört die Entwicklung neuer Konzepte und Strategien, die Verbesserung der Ausbildung des Rettungsdienstpersonals sowie die Einführung neuer Technologien und medizinischer Verfahren.

§ 8
Beirat für den Rettungsdienst

(1) Die Landesregierung hat zu ihrer Beratung in den Angelegenheiten des Rettungsdienstes einen Beirat für den Rettungsdienst einzurichten.

(2) Dem Beirat gehören an:

a) ein von der Landesregierung bestellter rechtskundiger Bediensteter der nach der Geschäftseinteilung des Amtes der Tiroler Landesregierung für das Rettungswesen zuständigen Organisationseinheit als Vorsitzender,

b) ein von der Landesregierung bestellter rechtskundiger Bediensteter der nach der Geschäftseinteilung des Amtes der Tiroler Landesregierung für die rechtlichen Angelegenheiten des Gesundheitswesens zuständigen Organisationseinheit,

c) der Ärztliche Leiter Rettungsdienst,

d) der Stellvertreter des Ärztlichen Leiters Rettungsdienst,

e) zwei vom Tiroler Gemeindeverband entsandte Vertreter,

f) ein von den Trägern der Sozialversicherung entsandter Vertreter,

g) ein von den an der notärztlichen Versorgung nach § 3 Abs. 5 mitwirkenden Krankenanstalten entsandter Vertreter,

h) ein von den Rettungseinrichtungen entsandter Vertreter,

i) ein von der zentralen Landesleitstelle entsandter Vertreter,

j) ein von der Ärztekammer für Tirol entsandter Vertreter.

Für jedes Mitglied nach lit. e bis j ist in gleicher Weise ein Ersatzmitglied zu bestellen bzw. zu entsenden.

(3) Die Landesregierung hat die nach Abs. 2 lit. e bis j Entsendungsberechtigten aufzufordern, von ihrem Entsendungsrecht binnen vier Wochen Gebrauch zu machen. Wird das Entsendungsrecht nicht rechtzeitig ausgeübt, so hat die Landesregierung binnen weiteren vier Wochen eine sachkundige Person zu bestellen.

(4) Ein Mitglied des Beirates oder ein Ersatzmitglied scheidet vorzeitig aus dem Amt:
a) durch Verzicht oder
b) durch Abberufung.

(5) Der Verzicht auf die Mitgliedschaft ist der Landesregierung schriftlich zu erklären. Er wird mit dem Einlangen der Verzichtserklärung unwiderruflich und, wenn in der Verzichtserklärung nicht ein späterer Zeitpunkt für das Wirksamwerden angegeben ist, wirksam. Die nach Abs. 2 lit. e bis j Entsendungsberechtigten können das von ihnen entsandte Mitglied oder Ersatzmitglied jederzeit abberufen. Die Abberufung ist dem betreffenden Mitglied bzw. Ersatzmitglied und der Landesregierung schriftlich mitzuteilen. Die Landesregierung hat ein Mitglied oder Ersatzmitglied abzuberufen, wenn es seine Pflichten gröblich vernachlässigt oder an der Ausübung seiner Funktion dauernd verhindert ist.

(6) Scheidet ein Mitglied oder Ersatzmitglied vorzeitig aus, so ist unverzüglich ein neues Mitglied bzw. Ersatzmitglied zu bestellen oder zu entsenden.

(7) Der Beirat hat aus seiner Mitte einen Stellvertreter des Vorsitzenden zu wählen.

(8) Der Beirat hat eine Arbeitsgruppe Qualitätssicherung einzurichten. Der Arbeitsgruppe Qualitätssicherung obliegen die Behandlung von Fragen der Qualitätsstandards in Bezug auf die Disponierung, Alarmierung und Unterstützung der Einsätze des öffentlichen Rettungsdienstes, von Fragen des Qualitätsmanagements bei den Rettungseinrichtungen und von Einzelfragen im Auftrag des Beirates. Der Arbeitsgruppe Qualitätssicherung gehören der Ärztliche Leiter Rettungsdienst als Vorsitzender und drei weitere Mitglieder an. Die drei weiteren Mitglieder sind vom Beirat zu bestellen. Die Mitglieder der Arbeitsgruppe Qualitätssicherung müssen nicht Mitglieder des Beirates sein. Zwei Mitglieder müssen die Voraussetzungen nach § 6 Abs. 2 lit. a bis c erfüllen, wobei eines dieser Mitglieder Mitarbeiter einer an der notärztlichen Versorgung nach § 3 Abs. 5 mitwirkenden Krankenanstalt und das zweite bei einer Rettungseinrichtung tätig sein muss; ein Mitglied muss über Erfahrungen bei der Tätigkeit in der zentralen Landesleitstelle verfügen. Die Arbeitsgruppe Qualitätssicherung ist vom Vorsitzenden nach Bedarf einzuberufen.

(9) Die Tätigkeit eines Mitgliedes des Beirates oder der Arbeitsgruppe Qualitätssicherung ist ein unbesoldetes Ehrenamt. Die Tätigkeit eines Mitgliedes des Beirates oder der Arbeitsgruppe Qualitätssicherung endet nach dem Ablauf von fünf Jahren ab der Entsendung bzw. Bestellung. Nach dem Ende der Tätigkeit ist unverzüglich ein neues Mitglied zu entsenden oder zu bestellen. Eine neuerliche Entsendung bzw. Bestellung des gleichen Mitgliedes ist zulässig.

(10) Der Beirat und die Arbeitsgruppe Qualitätssicherung sind beschlussfähig, wenn mindestens die Hälfte der Mitglieder anwesend ist. Zu einem Beschluss ist die einfache Mehrheit der abgegebenen Stimmen erforderlich. Stimmenthaltung gilt als Ablehnung.

(11) Der Beirat hat für seine Tätigkeit und für die Tätigkeit der Arbeitsgruppe Qualitätssicherung eine Geschäftsordnung zu erlassen. Die Geschäftsordnung hat jedenfalls Bestimmungen über die Einberufung zu den Sitzungen, über die Durchführung der Sitzungen und die Aufnahme von Niederschriften, über die fallweise Beiziehung von sachverständigen Personen, über eine allfällige Aufgabenteilung zwischen den Mitgliedern sowie über die Weitergabe einer Empfehlung zu enthalten. Die Geschäftsordnung bedarf der Genehmigung der Landesregierung. Sie ist im Bote für Tirol kundzumachen.

(12) Die Kanzleigeschäfte des Beirates und der Arbeitsgruppe Qualitätssicherung sind vom Amt der Tiroler Landesregierung zu besorgen.

In Tirol gibt es gemäß § 8 des T-RDG einen Beirat für den Rettungsdienst. Dieser Beirat hat eine beratende Funktion und unterstützt die Landesregierung bei der Erfüllung ihrer Aufgaben im Bereich des Rettungsdienstes. Der Beirat für den Rettungsdienst setzt sich insbesondere aus Vertreterinnen und Vertretern folgender Gruppen zusammen:

- Vertreterinnen und Vertreter der Gemeinden bzw. Betreiber von Rettungsorganisationen und der Ärztliche Leiter Rettungsdienst
- Vertreterinnen und Vertreter der Ärztekammer für Tirol
- Vertreterinnen und Vertreter der Sozialversicherungsanstalten
- Vertreterinnen und Vertreter des Rettungsdienstes
- Vertreterinnen und Vertreter der Leitstelle

Der Beirat für den Rettungsdienst hat unter anderem folgende Aufgaben:

- Beratung der Landesregierung in Fragen des Rettungsdienstes
- Erstellung von Gutachten und Empfehlungen

- Förderung der Zusammenarbeit zwischen den verschiedenen Beteiligten im Rettungsdienst
- Unterstützung bei der Planung und Durchführung von Aus- und Fortbildungen für das Rettungsdienstpersonal
- Mitwirkung bei der Erstellung von Jahresberichten über den Rettungsdienst in Tirol.

---

§ 9
Besondere Befugnisse

(1) Die für Rettungseinrichtungen im Sinn des § 2 Abs. 3 tätigen Personen sind befugt, zur Durchführung von Rettungseinsätzen im erforderlichen Ausmaß Grundstücke und bauliche Anlagen zu betreten und erforderlichenfalls Grundstücke zu befahren sowie Hindernisse, die einer erforderlichen zweckmäßigen Rettungsmaßnahme entgegenstehen, zu beseitigen. Die Eigentümer der betreffenden Grundstücke und baulichen Anlagen bzw. die sonst hierüber Verfügungsberechtigten sind verpflichtet, eine solche Inanspruchnahme ihrer Grundstücke oder baulichen Anlagen zu dulden.

(2) Werden Grundstücke zu den im Abs. 1 genannten Zwecken benützt, so haben die Eigentümer der betroffenen Grundstücke bzw. die sonst hierüber Verfügungsberechtigten gegenüber dem Land Tirol Anspruch auf Vergütung für die ihnen dadurch verursachten Vermögensnachteile. Die Landesregierung hat auf Antrag des Eigentümers des betroffenen Grundstückes bzw. des sonst hierüber Verfügungsberechtigten die Vergütung in sinngemäßer Anwendung des § 65 des Tiroler Straßengesetzes, LGBl. Nr. 13/1989, in der jeweils geltenden Fassung, festzusetzen.

Der Rettungsdienst in Tirol verfügt gemäß § 9 des T-RDG über besondere Befugnisse, die ihm helfen, seine Aufgaben im Notfall effektiver zu erfüllen.

Zu den besonderen Befugnissen des Rettungsdienstes gehören:

- *Betreten von Grundstücken und Wohnungen:* Der Rettungsdienst hat das Recht, Grundstücke und Wohnungen ohne Einwilligung der Eigentümerin oder des Eigentümers bzw. Bewohnerin oder Bewohners zu betreten, wenn dies für die Durchführung von Rettungsmaßnahmen erforderlich ist.
- *Erzwingen von Öffnungen:* Wenn der Zugang zu einer Person, die Hilfe benötigt, durch verschlossene Türen oder Fenster versperrt ist, kann der Rettungsdienst diese Öffnungen erzwingen, um die Rettungsmaßnahmen durchzuführen.
- *Anordnung von Transporten:* Der Rettungsdienst kann den Transport einer Person in eine geeignete medizinische Einrichtung anordnen, wenn dies für ihre Gesundheit oder ihr Leben erforderlich ist.
- *Abweichen von Verkehrsregeln:* Der Rettungsdienst darf von den Verkehrsregeln abweichen, um eine schnellstmögliche Anfahrt zum Einsatzort zu gewährleisten.

Diese Befugnisse dienen ausschließlich dem Ziel, eine schnelle und effektive Hilfe im Notfall zu gewährleisten. Der Rettungsdienst hat dabei jedoch immer darauf zu achten, dass er keine unverhältnismäßigen Maßnahmen ergreift und die Grundrechte der Betroffenen respektiert.

§ 10
Kostentragung

(1) Wenn nicht besondere gesetzliche Bestimmungen oder Vereinbarungen über den Ersatz der Kosten einer Leistung des öffentlichen Rettungsdienstes bestehen, hat die Kosten für die Aufwendungen des Rettungseinsatzes derjenige zu tragen, zu dessen Gunsten der Rettungseinsatz erfolgt ist.

(2) Wer mutwillig Leistungen des öffentlichen Rettungsdienstes veranlasst, hat dem Land Tirol die dadurch entstehenden Aufwendungen zu ersetzen. Über den Ersatz dieser Aufwendungen entscheiden im Streitfall die ordentlichen Gerichte.

Gemäß § 10 des T-RDG müssen die Kosten für den Rettungsdienst grundsätzlich von der betroffenen Person getragen werden. Die Höhe der Kosten richtet sich dabei nach dem tatsächlichen Aufwand des Rettungsdienstes. Gemäß § 10 des T-RDG sind die Kosten für den Rettungsdienst grundsätzlich von den Betroffenen zu tragen, sofern sie selbst für den Notfall verantwortlich sind oder wenn sie sich in einem Zustand befinden, in dem sie für ihre Handlungen selbst verantwortlich sind. Die Kosten für den Rettungsdienst werden in der Regel von den Krankenkassen übernommen, sofern die Betroffenen versichert sind. Wenn die Betroffenen nicht versichert sind oder wenn die Krankenkasse die Kosten nicht übernimmt, müssen sie die Kosten selbst tragen. Die Höhe der Kosten für den Rettungsdienst wird durch die jeweilige Gemeinde festgelegt, in deren Zuständigkeitsbereich der Einsatz stattgefunden hat. Es gibt jedoch Ausnahmen, in denen die Kosten für den Rettungsdienst nicht erhoben werden, wie zum Beispiel bei ehrenamtlichen Rettungsdiensten oder in lebensbedrohlichen Situationen.

In bestimmten Fällen können die Kosten jedoch von Dritten übernommen werden.

<u>Dazu gehören insbesondere:</u>

- *Unfallversicherungsträger:* Wenn die betroffene Person im Rahmen ihrer Arbeit oder auf dem Weg zur Arbeit einen Unfall erlitten hat, können die Kosten vom zuständigen Unfallversicherungsträger übernommen werden.
- *Krankenversicherung:* Wenn die betroffene Person gesetzlich oder privat krankenversichert ist, können die Kosten vom zuständigen Krankenversicherer übernommen werden.
- *Verursacherin/Verursacher:* Wenn die Notwendigkeit des Rettungsdienstes auf das Verschulden einer anderen Person zurückzuführen ist (z.B. bei einem Verkehrsunfall), können die Kosten von dieser Person übernommen werden.
- *Gemeinde:* Wenn die betroffene Person nicht in der Lage ist, die Kosten zu tragen, kann die Gemeinde die Kosten übernehmen.

Es ist jedoch zu beachten, dass eine Kostenübernahme durch Dritte nicht automatisch erfolgt, sondern im Einzelfall geprüft werden muss. Die betroffene Person oder ihre Angehörigen sollten daher im Zweifelsfall Kontakt mit dem zuständigen Versicherer oder der Gemeinde aufnehmen. Weiterhin regelt § 10 auch, dass die Betreiber von Rettungsorganisationen verpflichtet sind, die Kosten für den Rettungsdienst bei den Betroffenen einzufordern, sofern diese nicht von der Krankenkasse übernommen werden.

§ 11
Finanzierungsbeitrag der Gemeinden

(1) Jede Gemeinde hat zur Finanzierung der bodengebundenen Notfallrettung einen jährlichen Beitrag von 4,– Euro je Einwohnergleichwert (EWG) an das Land Tirol zu entrichten. Der jährliche Einwohnergleichwert errechnet sich aus der Summe der Anzahl jener Personen, die nach dem endgültigen Ergebnis der jeweils letzten Volkszählung in der Gemeinde ihren Hauptwohnsitz hatten, und der Anzahl von Nächtigungen im vorangegangenen Kalenderjahr im betreffenden Gemeindegebiet, die der Abgabepflicht nach dem Tiroler Aufenthaltsabgabegesetz 2003, LGBl. Nr. 85, in der jeweils geltenden Fassung, unterlagen, dividiert durch die Anzahl der Tage des zu berechnenden Jahres.

(2) Die Gemeinden haben weiters jährlich einen Beitrag an das Land Tirol zu entrichten, der dem nach Abs. 1 zu entrichtenden Gesamtbeitrag entspricht. Dieser Beitrag ist auf die einzelnen Gemeinden im Verhältnis ihrer Finanzkraft nach § 21 Abs. 5 des Tiroler Mindestsicherungsgesetzes, LGBl. Nr. 99/2010, in der jeweils geltenden Fassung aufzuteilen.

(3) Die Landesregierung hat jeder Gemeinde den auf sie entfallenden Beitrag mit Bescheid vorzuschreiben. Der Beitrag der Gemeinde ist je zu 25 v. H. zum Ende eines Kalenderquartals (31. März, 30. Juni, 30. September und 31. Dezember) zur Zahlung fällig.

(4) Der Beitrag der Gemeinden wird durch Bindung an den von der Bundesanstalt Statistik Österreich verlautbarten Verbraucherpreisindex 2005 oder den an dessen Stelle tretenden Index wertgesichert. Als Bezugsgröße für die Anpassung dient die für den Monat des Inkrafttretens dieses Gesetzes veröffentlichte Indexzahl. Die Anpassung erfolgt jeweils zum Ende eines Kalenderjahres.

Gemäß § 11 des T-RDG sind die Gemeinden in Tirol verpflichtet, einen Finanzierungsbeitrag zum Rettungsdienst zu leisten. Der Beitrag wird auf Basis der Einwohnerzahl und der Anzahl der Rettungseinsätze in der Gemeinde berechnet. Die genaue Höhe des Finanzierungsbeitrags wird von der jeweiligen Bezirksverwaltungsbehörde festgelegt und kann daher von Gemeinde zu Gemeinde unterschiedlich sein. Der Finanzierungsbeitrag dient dazu, die Kosten für den Betrieb des Rettungsdienstes, insbesondere für Personal, Fahrzeuge und Ausrüstung, zu decken. Durch die finanzielle Unterstützung der Gemeinden soll eine flächendeckende und qualitativ hochwertige Versorgung im Rettungsdienst gewährleistet werden.

§ 12
Förderungen

(1) Das Land Tirol kann als Träger von Privatrechten in Tirol tätige Rettungsorganisationen, ausgenommen Rettungseinrichtungen im Sinn des § 2 Abs. 3, nach Maßgabe der im Landesvoranschlag jeweils hierfür vorgesehenen Mittel fördern. Die Förderung kann durch Geldzuwendungen, Sachzuwendungen sowie jede sonstige Art der Unterstützung erfolgen. Das Nähere wird durch Vertrag geregelt.

(2) Soweit das Land Tirol Rettungsorganisationen durch Sachzuwendungen, beispielsweise durch Zurverfügungstellung von Gebäuden oder Rettungsmitteln fördert, werden diese Sachen nur zur

zweckgemäßen Nutzung überlassen. Nach dem Ablauf der vereinbarten Nutzungsdauer sind sie wieder an das Land Tirol zurückzustellen. Die Verpflichtung zur Rückstellung richtet sich nach den Bestimmungen des bürgerlichen Rechts.

(3) Die Landesregierung hat Richtlinien für die Gewährung von Förderungen zu erlassen, die insbesondere nähere Bestimmungen zu enthalten haben über:

a) die Voraussetzungen für die Gewährung einer Förderung,

b) das Ausmaß der Förderung,

c) das Verfahren zur Gewährung einer Förderung,

d) die Auflagen und Bedingungen, unter denen Förderungen gewährt werden,

e) die Kontrolle der bestimmungsgemäßen Verwendung der Förderung,

f) der Widerruf der Förderung und die damit verbundene Rückerstattung.

(4) Ein Anspruch auf Gewährung einer Förderung besteht nicht.

Gemäß § 12 des T-RDG können Förderungen für den Rettungsdienst Tirol durch das Land Tirol gewährt werden. Die Förderungen können sowohl für Investitionen als auch für laufende Betriebskosten gewährt werden. Die Förderungen dienen dazu, den Rettungsdienst in Tirol auf einem hohen Qualitätsniveau zu halten und die flächendeckende Versorgung sicherzustellen.

Hierzu können unter anderem folgende Maßnahmen gefördert werden:

- Anschaffung von Rettungsfahrzeugen, medizinischen Geräten und Ausrüstung

- Bau, Sanierung und Ausstattung von Rettungsstationen
- Schulungen und Fortbildungen für das Rettungsdienstpersonal
- Errichtung und Betrieb von Leitstellen und Einsatzleitungen

Die genauen Kriterien und Voraussetzungen für eine Förderung werden durch das Land Tirol festgelegt und können von Fall zu Fall unterschiedlich sein. Anträge auf Förderungen müssen in der Regel vor Beginn des Vorhabens gestellt werden und werden von der zuständigen Stelle geprüft und bewilligt.

§ 13
Bestimmung zur Flugrettung

Die in der Notfallrettung und im qualifizierten Krankentransport eingesetzten Hubschrauber müssen hinsichtlich ihrer Ausstattung, Ausrüstung und Wartung den allgemein anerkannten Regeln der Technik und dem Stand der Notfallmedizin entsprechen.

Gemäß § 13 des T-RDG kann die Flugrettung in Tirol zum Einsatz kommen, wenn dies aufgrund der örtlichen Gegebenheiten oder der Schwere des Notfalls erforderlich ist. Die Flugrettung kann dabei sowohl mit Hubschraubern als auch mit Flugzeugen erfolgen. Die Entscheidung über den Einsatz der Flugrettung obliegt dem jeweiligen Rettungsdienstpersonal vor Ort.

Dabei müssen folgende Kriterien berücksichtigt werden:

- Die Einsatzstelle ist auf dem Landweg nur schwer oder gar nicht erreichbar, z.B. bei Bergrettungen oder Einsätzen in abgelegenen Gebieten.

- Die Patientin bzw. der Patient benötigt aufgrund ihrer bzw. seiner Verletzungen oder Erkrankung eine besonders schnelle Versorgung und Transportmöglichkeit, um eine bestmögliche medizinische Versorgung sicherzustellen.
- Die Verlegung der Patientin bzw. des Patienten auf dem Landweg ist aufgrund der Schwere ihrer bzw. seiner Verletzungen oder Erkrankung nicht möglich oder mit erheblichen Risiken verbunden.

Bei einem Einsatz der Flugrettung wird in der Regel ein Notarzt oder eine Notärztin mit dem Rettungshubschrauber oder -flugzeug zum Einsatzort gebracht. Der Transport erfolgt dann ebenfalls mit dem Fluggerät oder durch eine Rettungswagenbesatzung am Boden. Die Kosten für einen Einsatz der Flugrettung werden in der Regel von den Krankenkassen übernommen.

§ 14
Verarbeitung personenbezogener Daten

(1) Die zentrale Landesleitstelle ist Verantwortlicher nach Art. 4 Z 7 der Verordnung (EU) 2016/679 des Europäischen Parlaments und des Rates zum Schutz natürlicher Personen bei der Verarbeitung personenbezogener Daten, zum freien Datenverkehr und zur Aufhebung der Richtlinie 95/46/EG (Datenschutz-Grundverordnung), ABl. 2016 Nr. L 119, S. 1.

(2) Das Amt der Tiroler Landesregierung ist Verantwortlicher nach Art. 4 Z 7 der Datenschutz- Grundverordnung in den in die Zuständigkeit der Landesregierung fallenden Angelegenheiten.

(3) Die Rettungseinrichtung ist Verantwortlicher nach Art. 4 Z 7 der Datenschutz-Grundverordnung in den in ihre Zuständigkeit fallenden Angelegenheiten.

(4) Der Ärztliche Leiter Rettungsdienst ist Verantwortlicher nach Art. 4 Z 7 der Datenschutz- Grundverordnung im Rahmen seines Aufgabenbereiches nach diesem Gesetz.

(5) Der nach Abs. 1 Verantwortliche darf folgende Daten verarbeiten, sofern diese Daten für die Erfüllung der ihm obliegenden Aufgaben jeweils erforderlich sind:

a) von Meldungslegern: Identifikationsdaten, Einsatzcode, Rückrufnummer, Aufenthaltsort, Einsatzort und Grund der Meldungslegung,

b) von Verletzten, Kranken und sonst Hilfsbedürftigen: Identifikationsdaten, Erreichbarkeitsdaten, Einsatzcode, Aufenthaltsort, Einsatzort und Einsatzzielort, Unfallmechanismen, Gesundheitsdaten in Bezug auf medizinische Versorgung, Durchführung von Transporten und empfangene Leistungen, Sozialversicherungsverhältnisse einschließlich Sozialversicherungsnummer, Tarifinformationen in Bezug auf Leistungsabrechnung, verrechnete Leistungen,

c) von Einsatzkräften: Identifikationsdaten, Erreichbarkeitsdaten, Einsatzcode, Funktion und fachliche Qualifikation, Verfügbarkeit, Einsatzmöglichkeiten, Gefahrenhinweise und Protokolleinträge zum Einsatzverlauf,

d) von Rettungseinrichtungen sowie von Krankenanstalten oder Notärzten im Sinn des § 3 Abs. 5: Identifikationsdaten, Erreichbarkeitsdaten, vertragsbezogene Daten und erbrachte Leistungen.

(6) Der nach Abs. 1 Verantwortliche darf Daten nach Abs. 5 lit. a bis c an den Ärztlichen Leiter Rettungsdienst, das Amt der Tiroler Landesregierung, an Rettungseinrichtungen, Krankenanstalten, Notärzte oder Sicherheitsbehörden übermitteln, sofern diese Daten für die Erfüllung der Aufgaben, die diesen im Zusammenhang mit der Durchführung von Rettungseinsätzen obliegen, jeweils erforderlich sind.

(7) Der nach Abs. 2 Verantwortliche darf Daten nach Abs. 5 lit. a bis d verarbeiten, sofern die Aufgaben nach § 3 Abs. 1 selbst besorgt werden, und diese Daten für die Erfüllung der Aufgaben jeweils erforderlich sind.

(8) Der nach Abs. 2 Verantwortliche darf Daten nach Abs. 5 lit. a bis d an Krankenanstalten, Notärzte, Träger der Sozialversicherung, private Versicherungen, oder sonstige öffentliche Stellen, Rechtsträger und Unternehmen übermitteln, sofern diese Daten für die Erfüllung der Aufgaben, die diesen im Zusammenhang mit der Durchführung von Rettungseinsätzen obliegen, jeweils erforderlich sind.

(9) Die nach den Abs. 2 und 3 Verantwortlichen dürfen Daten nach Abs. 5 lit. a bis d verarbeiten, sofern diese Daten für die Erfüllung einer Verpflichtung aus einem Vertrag nach § 3 Abs. 3 oder Abs. 5, insbesondere für die Überprüfung der Einhaltung von Leistungsvorgaben, für die Überprüfung von Jahresabschlüssen, sowie für die Abrechnung und Weiterverrechnung von erbrachten Leistungen, jeweils erforderlich sind.

(10) Der nach Abs. 2 Verantwortliche darf Daten nach Abs. 5 lit. a bis d an den jeweils zuständigen Träger der Sozialversicherung, private Versicherungen, Krankenanstalten, oder sonstige öffentliche Stellen,

Rechtsträger und Unternehmen übermitteln, sofern diese Daten für die Erfüllung einer Verpflichtung aus einem Vertrag nach § 3 Abs. 3 oder Abs. 5 jeweils erforderlich sind.

(11) Der nach Abs. 3 Verantwortliche darf Daten nach Abs. 5 lit. a bis d an das Amt der Tiroler Landesregierung, den Ärztlichen Leiter Rettungsdienst, den jeweils zuständigen Träger der Sozialversicherung, private Versicherungen, Krankenanstalten, oder sonstige öffentliche Stellen, Rechtsträger oder Unternehmen übermitteln, sofern diese Daten für die Erfüllung oder die Überprüfung einer Verpflichtung aus einem Vertrag nach § 3 Abs. 3 oder Abs. 5 jeweils erforderlich sind.

(12) Der nach Abs. 4 Verantwortliche darf Daten nach Abs. 5 lit. a bis d verarbeiten, sofern diese Daten für die Wahrnehmung seiner gesetzlichen Aufgaben jeweils erforderlich sind.

(13) Als Identifikationsdaten gelten:
a) bei natürlichen Personen der Familien- und der Vorname, das Geschlecht, das Geburtsdatum, allfällige akademische Grade, Standesbezeichnungen und Titel,
b) bei juristischen Personen und Personengesellschaften die gesetzliche, satzungsmäßige oder firmenmäßige Bezeichnung und hinsichtlich der vertretungsbefugten Organe die Daten nach lit. a sowie die Firmenbuchnummer, die Vereinsregisterzahl, die Umsatzsteuer-Identifikationsnummer und die Ordnungsnummer im Ergänzungsregister.

(14) Als Erreichbarkeitsdaten gelten Wohnsitzdaten und sonstige Adressdaten, die Telefonnummer, elektronische Kontaktdaten, wie insbesondere die E-Mail-Adresse und Telefax-Nummer, oder Verfügbarkeitsdaten.

Die Verarbeitung personenbezogener Daten im Rettungsdienst unterliegt strengen gesetzlichen Vorgaben zum Schutz der Privatsphäre und der informationellen Selbstbestimmung. Die Dokumentation im Rettungsdienst kann in schriftlicher Form (Papierform) oder auf elektronischem Wege (in Tirol im Rahmen des sogenannten „Car-PCs") erfolgen.

Die wesentlichsten Aspekte der rettungsdienstbezogenen Verarbeitung von personenbezogenen Daten sind:

- *Datensparsamkeit:* Es dürfen nur die Daten erhoben und verarbeitet werden, die für die Durchführung des Rettungsdiensteinsatzes und die Dokumentation erforderlich sind.
- *Einwilligung:* In der Regel muss die betroffene Person in die Erhebung und Verarbeitung ihrer personenbezogenen Daten einwilligen. Bei akuten medizinischen Notfällen kann diese Einwilligung jedoch nicht immer eingeholt werden.
- *Zweckbindung:* Die erhobenen Daten dürfen nur für den Zweck der Durchführung des Rettungsdiensteinsatzes und der Dokumentation verwendet werden.
- *Vertraulichkeit:* Die erhobenen Daten sind vertraulich zu behandeln und dürfen nur denjenigen Personen zugänglich gemacht werden, die für die Durchführung des Rettungsdiensteinsatzes und die Dokumentation erforderlich sind.
- *Datensicherheit:* Die erhobenen Daten müssen angemessen gesichert werden, um einen unbefugten Zugriff zu verhindern. Dies gilt auch für Daten, die während eines Einsatzes aufgenommen werden.
- *Aufbewahrungsfrist:* Die erhobenen Daten dürfen nur für den Zeitraum aufbewahrt werden, der für die Durchführung des Rettungsdiensteinsatzes und die Dokumentation erforderlich ist. Danach müssen sie vernichtet werden. Empfohlen werden kann eine Aufbewahrung von mindestens 10 Jahren aufgrund der ambulanten Betreuung im Rahmen des Rettungsdiensteinsatzes.

- *Rechte der Patientinnen und Patienten:* Die Betroffenen haben ein Recht auf Auskunft, auf Berichtigung, Löschung oder Sperrung ihrer Daten. Hierfür zuständig ist die oder der Datenschutzbeauftragte des Rettungsdienstes Tirol.

Die genauen Regelungen zur Verarbeitung personenbezogener Daten im Rettungsdienst sind in verschiedenen Gesetzen und Verordnungen geregelt, insbesondere im österreichischen Datenschutzgesetz (DSG), der Datenschutz-Grundverordnung (DSG-VO) und im jeweiligen Rettungsdienstgesetz der Bundesländer. Das DSG stellt in Österreich eine Ergänzung zur DSG-VO dar. Die DSG-VO unterliegt einer unmittelbaren Anwendung in Österreich.

---

§ 15
Bezeichnungsschutz

Die Bezeichnung „Rettungsdienst Tirol" oder eine verwechslungsfähige ähnliche Bezeichnung darf nur von Rettungseinrichtungen im Sinn des § 2 Abs. 3 geführt werden.

Gemäß § 15 des T-RDG genießt die Bezeichnung „Rettungsdienst Tirol" einen besonderen Schutz. Die Verwendung dieser Bezeichnung ist in Tirol ausschließlich denjenigen Organisationen bzw. Personen gestattet, die die erforderlichen Qualifikationen und Zulassungen gemäß dem T-RDG besitzen. Eine unberechtigte Verwendung dieser Bezeichnungen kann strafrechtlich verfolgt werden. Darüber hinaus dürfen auch andere Bezeichnungen und Abkürzungen, die eine Verwechslungsgefahr der geschützten Bezeichnung oder deren Abkürzung (z. B. „RD Tirol") hervorrufen können, nicht verwendet werden. Ein solcher Bezeichnungsschutz soll vorrangig sicherstellen, dass Patientinnen und Patienten darauf vertrauen können, im Kontext des

Transportes mittels Organisationen des Tiroler Rettungsdienstes von hierfür tatsächlich qualifizierten Personen behandelt bzw. transportiert zu werden.

§ 16
Verschwiegenheitspflicht

Alle bei einer Rettungseinrichtung im Sinn des § 2 Abs. 3 oder in der zentralen Landesleitstelle tätigen Personen sind, sofern sie nicht einer sonstigen gesetzlichen Verschwiegenheitspflicht unterliegen, zur Verschwiegenheit über alle ihnen ausschließlich aus dieser Tätigkeit bekannt gewordenen Tatsachen verpflichtet, an deren Geheimhaltung ein schutzwürdiges Interesse einer Person besteht.

§ 16 des T-RDG normiert die Verschwiegenheitspflicht im Rettungsdienst Tirol. Diese Pflicht schützt insbesondere die Wahrung der Privatsphäre von Patientinnen und Patienten in Bezug auf rettungsdienstliche Vorgänge. Demnach unterliegen alle Personen, die im Rettungsdienst ehrenamtlich oder hauptberuflich tätig sind (z. B. Sanitäterinnen und Sanitäter, Notärztinnen und Notärzte, Zivildiener) dieser Verpflichtung. Das bedeutet, dass diese Personen über alle ihnen bei der Ausübung ihrer Tätigkeit (z. B. im Rahmen von Einsätzen im Bereich der Notfallrettung oder des Krankentransportes) bekannt gewordenen personenbezogenen Daten Stillschweigen bewahren müssen. Dieses Schweigen betrifft im Speziellen den Gesundheitszustand von Patientinnen und Patienten, aber auch alle sonstigen Geheimnisse. Die Pflicht zur Verschwiegenheit endet nicht mit Einstellung der ehrenamtlichen oder hauptberuflichen Mitarbeit im Rettungsdienst, sondern gilt auch über Ende der Tätigkeit im Rettungsdienst hinaus. Die Verschwiegenheitspflicht kann nur dann aufgelöst werden, wenn dazu eine gesetzliche Pflicht besteht. Wird gegen die Bestimmung zur Verschwiegenheit verstoßen, so können daraus sowohl zivilrechtliche als auch strafrechtliche Konsequenzen resultieren. Die Missachtung der Verschwiegenheitspflicht kann auch dienstrechtliche Maßnahmen zur Folge haben.

§ 17
Strafbestimmungen

(1) Wer

a) die Alarmierung des öffentlichen Rettungsdienstes mutwillig veranlasst oder

b) Einrichtungen des öffentlichen Rettungsdienstes missbräuchlich verwendet oder beschädigt,

c) ohne dazu berechtigt zu sein, die Bezeichnung „Rettungsdienst Tirol" oder eine verwechslungsfähige ähnliche Bezeichnung führt,

begeht eine Verwaltungsübertretung und ist von der Bezirksverwaltungsbehörde mit Geldstrafe bis zu 5.000,– Euro zu bestrafen.

(3) Der Versuch ist strafbar.

(4) Die Geldstrafen fließen dem Land Tirol für Zwecke des Rettungswesens zu.

§ 17 des T-RDG stellt verschiedene Handlungen unter Strafe, wie beispielsweise das unbefugte Führen der Bezeichnung „Rettungsdienst Tirol" (siehe lit. c) oder einer anderen Bezeichnung mit Verwechslungsgefahr. Auch die Alarmierung des Rettungsdienstes ohne wesentlichen Grund ist mit Strafe bedroht (siehe lit. a). Darunter können zum Beispiel falsche Angaben im Rahmen der Alarmierung oder das vorsätzliche Irreführen des Rettungsdienstes subsumiert werden. Ebenso ist es strafbar, wenn, ohne dazu berechtigt zu sein, eine Rettungsdienstorganisation betrieben wird oder wenn sich eine Person als Mitarbeiterin oder Mitarbeiter des Rettungsdienstes Tirol ausgibt (z. B. durch entsprechende Dienstkleidung), jedoch die entsprechenden Voraussetzungen hierfür nicht erfüllt (siehe lit. b).

Gemäß § 17 Abs. 3 T-RDG ist bereits der Versuch mit Strafe bedroht. Gelder, die im Rahmen der Vollziehung der Strafbestimmungen eingenommen werden, fließen gemäß § 17 Abs. 4 T-RDG über das Land Tirol wiederum dem Rettungsdienst Tirol zu.

§ 18
Übergangsbestimmungen

(1) Bis zu dem im kundgemachten Vertrag nach § 3 Abs. 3 festgelegten Zeitpunkt für die Aufnahme der Besorgung der Aufgaben des öffentlichen Rettungsdienstes nach § 3 Abs. 1 durch die betraute Rettungseinrichtung bleibt die Verpflichtung der Gemeinde zur Erfüllung der Aufgaben des örtlichen Rettungsdienstes nach § 2 in Verbindung mit den §§ 3 und 19 des Tiroler Rettungsgesetzes, LGBl. Nr. 40/1987, in der Fassung des Gesetzes LGBl. Nr. 114/2001 weiter aufrecht.

(2) Bis zu dem im Abs. 1 genannten Zeitpunkt hat die Gemeinde den Beitrag nach § 11 Abs. 1 und 2 nicht zu entrichten. Ist dieser Zeitpunkt nicht der 1. Jänner eines Jahres, so ist für den restlichen Teil dieses Jahres der Beitrag nach § 11 Abs. 1 und 2 im aliquoten Ausmaß zu entrichten.

(3) Die von den Gemeinden nach § 3 Abs. 1 oder § 19 des Tiroler Rettungsgesetzes, LGBl. Nr. 40/1987, in der Fassung des Gesetzes LGBl. Nr. 114/2001 beauftragten Rettungsorganisationen gelten als Rettungseinrichtungen nach § 2 Abs. 3.

Die Übergangsbestimmungen des T-RDG regeln spezifische Aspekte in Bezug auf die Anwendung des Gesetzes und den Übergang von alten zu neuen Regelungen. Beispielsweise bleiben die bestehenden Kooperationsvereinbarungen zwischen Rettungsdienstorganisationen und anderen Stellen (z. B. Krankenhäusern oder Feuerwehren), gültig. Allerdings müssen sie auf die neuen Anforderungen des Gesetzes angepasst werden. Die Übergangsbestimmungen regeln auch die weitere Verpflichtung der Gemeinde zur Erfüllung der Aufgaben des örtlichen Rettungsdienstes, bis die Verpflichtung auf das Land Tirol übergeht. Diese Beispiele sollen verdeutlichen, dass die Übergangsbestimmungen sicherstellen, dass der Übergang von alten zu neuen Regelungen reibungslos verläuft und dass die beteiligten Organisationen und Personen ausreichend Zeit und Unterstützung haben, um sich auf die neuen Anforderungen einzustellen.

Vorrangiges Ziel ist somit ein effizienter Übergang von alten zu neuen gesetzlichen Regelungen bzw. Grundlagen.

§ 19
Inkraftreten

(1) Dieses Gesetz tritt mit 1. Oktober 2009 in Kraft.

(2) Gleichzeitig treten

a) das Tiroler Rettungsgesetz, LGBl. Nr. 40/1987, in der Fassung des Gesetzes LGBl. Nr. 114/2001,

b) das Tiroler Flugrettungsgesetz, LGBl. Nr. 10/2003, in der Fassung des Gesetzes LGBl. Nr. 6/2005 und

c) die Tiroler Rettungsverordnung 2002, LGBl. Nr. 75, außer Kraft.

Gemäß § 19 des T-RDG tritt das Gesetz vom 1. Juli 2009, mit dem der öffentliche Rettungsdienst in Tirol geregelt wird (Tiroler Rettungsdienstgesetz 2009 – T-RDG), mit 1. Oktober 2009 in Kraft.

Änderungen des Rettungsdienstgesetzes treten in der Regel ebenfalls am Tag nach der Kundmachung in Kraft, es sei denn, im Gesetzestext ist eine abweichende Regelung vorgesehen. Generell gilt es zu beachten, dass das T-RDG nur für das österreichische Bundesland Tirol gilt und dementsprechend Landesrecht darstellt. Mit der Umsetzung des T-RDG 2009 wurde das Tiroler Rettungsgesetz (1987), das Tiroler Flugrettungsgesetz (2003) und die Tiroler Rettungsverordnung (2002) außer Vollzug gesetzt bzw. aufgehoben.

- **Gesetzliche Bestimmungen entnommen aus:**

Rechtsinformationssystem des Bundes (2023): *Gesamte Rechtsvorschrift des Tiroler Rettungsdienstgesetzes 2009 in der Fassung vom 11.04.2023.* Online abrufbar unter der URL: *https://www.ris.bka.gv.at/GeltendeFassung.wxe?Abfrage=LrT&Gesetzesnummer=20000411* [zuletzt abgerufen am: 11.04.2023]

- **Zum Autor:**

Dr. Marlon POSSARD, geb. 1995, ist Dozent, wissenschaftlicher Mitarbeiter und Fachbuchautor. Seine Lehr- und Forschungsschwerpunkte liegen in den Bereichen Financial Accounting, Zivilrecht, Steuer- und Unternehmensrecht, Wirtschafts- und Unternehmensethik und Rechtsphilosophie. Insbesondere beschäftigt er sich dabei mit Fragen der Wirtschafskriminalität. Er promovierte an der Universität Innsbruck. Aktuell verfasst er seine Habilitationsschrift. Zwischen Januar 2022 und Januar 2023 war er zudem Präsident des Akademischen Börsenvereines Innsbruck (ABVI), der zu den größten Studierendenvereinen Tirols zählt. Seit August 2022 ist er weiters Young-Science-Botschafter der Agentur für Bildung und Internationalisierung (OeAD) des österreichischen Bundesministeriums für Bildung, Wissenschaft und Forschung.